Sammanfattning

Liksom de flesta människor har jag levt mitt liv utan att fundera speciellt mycket över mitt ursprung, mer än att jag haft en mor, en far en storasyster och några släktingar. Så länge jag arbetade var jobbet samtidigt min hobby och något intresse eller någon tid för att släktforska fanns inte. Dessutom hade jag en egen familj att ägna mig åt på min fritid. Jag var inte heller av någon "fin" släkt med kända anor utan som folk var mest, så vem kunde ha intresse av att veta något om detta.

Så vad var det som fick mig att ändra inställning? En viktig anledning var att jag fick cancer (lymfom) och att jag förstod att mina dagar var räknade, och att jag ville att mina barn och barnbarn skulle få veta lite mer om sitt ursprung. När jag gick i pension fick jag också mer tid över.

Jag gjorde som de flesta och började med att söka i databaserna *Sveriges befolkning* och *Sveriges dödbok 1901-2013*. Jag förde in alla uppgifter i *Min släkts* databasprogram. När detta var klart kände jag mig ganska nöjd, men samtidigt besviken. Resultatet bestod ju mestadels av döingar i form av namn, födelsedatum, föräldrar, syskon och församling. Därför beslöt jag mig för att skicka in mitt DNA till *Ancestry* och *My heritage*, mest av nyfikenhet. När jag granskade mina DNA-träffar var det mest bryllingar som listades, och jag kände inte igen ett enda namn, så jag var tveksam till hur tillförlitligt detta var och tveksam till om det var värt besväret.

Problemet att komma underfund med hur vi var släkt kvarstod. Jag var heller inte tillräckligt motiverad att ta reda på hur vi var släkt i detalj, utan snarare om att få veta mer om dessa mina nu levande släktingar, vilka de var, var de bor, mm, samt förhoppningsvis att vi kanske kunde hjälpas åt att ta reda på hur vi var släkt. Mina förhoppningar besannades och jag började med mina nyfunna DNA-släktingar försöka reda ut vem min okända farfar var. Jag bestämde mig även för att söka upp platserna för mitt ursprung och med hjälp av lokala släktforskare lokalisera var mina släktingar bott och kanske träffa de som bodde där. Det blev en intressant resa i tid och rum, som förhoppningsvis kan intressera andra släktforskare.

Innehåll

© 2022, Göran Dave
Förlag: BoD – Books on Demand, Stockholm, Sverige
Tryck: BoD – Books on Demand, Norderstedt, Tyskland
ISBN: 978-91-7969-124-0

Förord

Denna skrift riktar sig dels till min familj och mina släktingar och deras efterföljande, dels till en vidare läskrets, eftersom släktforskning har börjat engagera alltfler. Utvecklingen av två områden, datorisering med internet och genteknikens tillämpningar och kommersialisering har gjort släktforskningen enklare, och den kan i princip ske hemifrån eller rent av via en mobiltelefon. Samtidigt medför detta att man ganska snabbt får tillgång till en mängd uppgifter som ofta inte är så lätta att tolka och foga samman. Dessutom kan det vara frustrerande att aldrig komma till ett avslut. Uppgiften kan lätt framstå som oändlig - vilket den ju också är. Därför kan det kännas bra att göra en summering av vad man fått fram att dela med sig, och kanske därigenom få nya infallsvinklar att gå vidare utifrån eller att lämna det man fått fram vidare till andra, samt inte minst att ge inspiration till andra släktforskare.

Inledning

Liksom de flesta människor har jag levt mitt liv utan att fundera speciellt mycket på mitt ursprung mer än att jag haft en mor, en far, en storasyster och några släktingar. Min far var född och uppväxt i Göteborg och levde där merparten av sitt liv. Min mor var född i Avesta och uppväxt i Västerås. Hennes mor och far kom från Blekinge. Min farfar, som dog innan jag föddes var också från Göteborg och min farmor kom från Norge. Min far, som var äldst av fem syskon, började arbeta som sadelmakarlärling när han var 11 år, fortstatte därefter som tapetsör och mattläggare och startade sedan en mattaffär tillsammans med en arbetskamrat. Min mor var damfrisörska innan hon gifte sig med min far och blev hemmafru, när de fick min storasyster Harriet 1936.

Min egen uppväxt och mina studier

Jag själv föddes 1945 precis i slutet av andra världskriget och växte upp först i Johanneberg och därefter i Järnbrott. Eftersom jag bodde i Johanneberg började jag i Johannebergsskolan, där jag gick i 4 år, varefter jag började realskolan på Hvitfeldtska, där jag gick i 5 år och tog realen 1961. Därefter arbetade jag ett år som kontorsbiträde på Svenska Amerikalinjens kontor *Broströmia*, men ville helst gå till sjöss, eftersom jag var intresserad av att se andra länder. När jag var 17 år började jag i stället på gymnasiet (naturvetenskap) på Hvitfeldtska, där jag tog studenten 1965. Under gymnasietiden och fram till jag ryckte in i "lumpen" 1966 arbetade jag extra som stuveriarbetare (blixt), köksbiträde på *Kungsholm*, bensinstations-biträde och renhållare.

På min fritid var jag som de flesta ynglingar under min tid. Jag var med i scouterna, var intresserad av fotboll, mopeder, bilar, motorcyklar och tjejer i ungefär den ordningen. Datorer och mobiltelefoner fanns inte, och TVn började komma in i hemmen först 1958 i samband med VM i fotboll.

Min militärtjänst gjorde jag i flottan. Efter jag "muckat" på våren 1967 började jag läsa på universitetet (matte, kemi, zoologi), och därefter började jag som doktorand på zoologiska institutionen, där jag doktorerade 1976.

Mitt arbetsliv

I slutet av min doktorandtid blev jag alltmer intresserad av miljöfrågor och framför allt av hur olika miljögifter påverkade vattenlevande organismer som fiskar och kräftdjur, men även hur naturen i stort inklusive människan påverkades, och det blev detta jag skulle komma att ägna mig åt under hela mitt yrkesliv. Jag hade turen att få forskningsanslag, som gjorde att jag kunde ägna mig åt mitt stora intresse, och jag blev bara mer och mer intresserad ju mer jag forskade och undervisade på universitetet. Med tiden avancerade jag till lektor, docent och professor. Jag trivdes fantastiskt bra med mitt arbete och hade även turen att få fortsätta flera år på deltid efter att jag gick i pension när jag fyllde 67 år. Inte minst fick jag resa en hel del utomlands på konferenser, som föreläsare och som ordförande för standardiseringsgrupper inom SIS, ISO och CEN. Dessutom arbetade jag 8 månader som gästforskare i USA, vid US EPAs forskningslaboratorium i Duluth, Minnesota, och vid BC Research i Vancouver, Canada. Mer information om min forskning finns på: https://www.researchgate.net/profile/Goeran-Dave och https://scholar.google.com/scholar?hl=sv&as_sdt=0%2C5&q=G%C3%B6ran+Dave&btnG=

Min egen familj

På kärleksfronten träffade jag Susanne 1972. Vi flyttade ihop nästan direkt och vi fick först två barn, Rickard född 1973 och Charlotta född 1976, vilka var med i USA och Canada 1979. Därefter fick vi vårt tredje barn, Rebecca född 1980. Vi bodde först i Västra Frölunda på Pianogatan, sedan i Ytterby och därefter i Torslanda på Trollrunan och i Lilleby. Tyvärr gick det för Susanne och mig som för flera av våra vänner, att vi växte ifrån varandra och vi skildes i samförstånd 1995. Våra två äldsta barn Rickard och Charlotta var då vuxna. Rickard studerade på Chalmers, och Charlotta var aupair i Baltimore. Vårt yngsta barn Rebecca började gymnasiet och flyttade med Susanne till lägenhet. Susanne träffade en ny man, och jag träffade Britt Marie. Hon övertog Susannes del av huset i Lilleby och kom att bli min nuvarande fru.

Med Britt Marie följde en ny familj bestående av hennes söner Thomas och Tony med sina fruar Jeanette och Mia och deras barn, samt Britt Maries föräldrar Clara och Henning och hennes syskon Curt-Bertil, Gunilla, Bosse och Eva med sina familjer. Detta innebar att min egen släkt växte efter det att jag förlorat först min mor 1978 och sedan min far 1980, båda i cancer.

Varför jag började söka efter mina rötter

Så länge jag arbetade var jobbet samtidigt min hobby och något intresse eller någon tid för att släktforska fanns inte. Jag hade ju dessutom en egen familj att ägna mig åt på min fritid. Jag var inte heller av någon "fin" släkt med kända anor utan som folk var mest, så vem kunde ha intresse av att veta något om detta.

Så vad var det som fick mig att ändra inställning? En viktig anledning var säkert att jag fick cancer (lymfom). Jag förstod att mina dagar var räknade, och att jag ville att mina barn och barnbarn skulle få veta lite mer om sitt ursprung. Dessutom avled min frus storebror i en bilolycka och hennes föräldrar gick också bort, vilket förstärkte vetskapen om livets förgänglighet. Det jag visste om släktforskning inskränkte sig till vad min arbetskamrat Åke Larsson och min frus väninna Ann-Christin Sangberg berättat om sin släktforskning. Så jag frågade dem hur de gjort och lånade några böcker på biblioteket. Jag hade dessutom sökt lite på *Ancestry* om Hilma Svedal, som anlade Alaska utanför Strömstad, när jag skrev en bok om henne (*Dave, 2010*). Dessutom gick jag i pension och fick mer fritid.

Hur jag började och gick vidare

Först gick jag med min kamrat Åke Larsson till Landsarkivet i Göteborg och började söka som jag läst i böckerna jag lånat på biblioteket (t ex Thorsell, 2014) att man skulle göra. Det jag hittade lade jag in i släktforskarprogramet *Min släkt*. En del av det jag läst i släktforskarböckerna fann jag totalt ointressant, som t ex vad prästerna skrivit om familjemedlemmars katekeskunskaper, vilket knappt gick att utläsa om man inte gått en speciell kurs för att kunna tolka gammal handstil. Till början av 1800-talet gick det relativt lätt via digitaliserade folkräkningar, men längre tillbaka blev det betydligt jobbigare. Dessutom var jag inte speciellt intresserad av att komma så långt tillbaka i tiden som möjligt, vilket dessutom blev svårare och svårare och mer mödosamt ju längre bak i tiden man kom. Tvärtom så var jag mest intresserad av att veta vilka mina nu levande släktingar var.

Ett problem som jag var osäker på hur jag skulle lösa var att min far var fosterbarn, och att han bara visste vem hans biologiska mor var men inte vem hans biologiska far var. Jag pratade med Ann-Christin om hur jag skulle göra, och hon föreslog att jag gjorde två släktträd på min fars sida, ett med hans fosterföräldrar och ett med hans biologiska föräldrar, där hans fars identitet saknades. Det senare aktualiserades ju när jag bestämde mig för att skicka in mitt DNA till släktforskarföretag - men mer om detta senare.

Min fars biologiska mor Paulina var ogift när hon fick honom, och hans far stod som okänd i yrkböckerna. Enligt dopberättelse var min fosterfarmor Martina dopvittne när min far döptes, så på något vis kände min biologiska farmor och min fosterfarmor varandra. Kanske var de släkt på något, för mig, okänt sätt. I kyrkböckerna står min far som fosterson, och hans fosterföräldrar Johan och Martina Andersson var då barnlösa. De fick därefter fyra biologiska barn, Rut, som dog av TBC som ung, Arvid, Gudrun och Sverre, som var mina fastrar och farbröder. Även de är nu döda. Min mor och far umgicks mest med hans syster Gudrun, hennes man Roland Karlsson och deras barn Inger och Rolf, samt med min morbror Börje Edén, hans fru Inga och deras son Lars, vilka bodde i Karlskrona.

Min mor slutade realskolan när hon var 15 år, och familjen bodde då i Västerås. Hon flyttade till Solna med sin familj och utbildade sig till damfrisörska, och hon arbetade som damfrisörska på flera ställen, bl a på Svenska amerikalinjens passagerarbåtar. Min far började efter avslutad folkskola (6e klass) som sadelmakarlärling, fortsatte därefter som tapetsör, sedan som mattpåläggare och slutligen som matthandlare. Han var idrottsintresserad, och jag har hans medaljer och pokaler, vilka jag är mycket stolt över, eftersom jag inte vunnit några själv. Han byggde en sommarstuga utanför Landvetter som vi hade i närmare tio år. Han var även intresserad av att spela på trav, och han missade aldrig en tävling på Åby. Min mor var hemmafru när min syster och jag växte upp, vilket hon nog inte trivdes så bra med. Hon saknade säkert tiden på *Gripsholm/Kungsholm*. När jag åkte in i lumpen började min mor arbeta tillsammans med min far i hans mattaffär, vilket de trivdes bra med. Tyvärr fick de cancer båda två innan de blev 70 år och min mor blev bara 70 år och min far 73 år. Det var tråkigt för de var i övrigt friska.

Resultatet av min släktforskning på Landsarkivet

Jag började med att söka i databaserna *Sveriges befolkning 1880, 1890, 1900, 1970, 1980 och 1990* och *Sveriges dödbok 1901-2013*. Intressanta uppgifter sökte jag vidare på i kyrkoarkivets *Födelse- och dopbok via SVAR* och *ArkivDigital online*. I några fall gick jag även vidare till *Husförhörslängden* för födelseförsamlingen. Jag förde in alla uppgifter i *Min släkts* databasprogram (se nedan).

Nedan visas Antavlan för mig (Ralph Göran Dave) med min far (Gösta Verner Dave) och hans fosterfamilj.

Antavla
Ralph Göran Dave, f Andersson

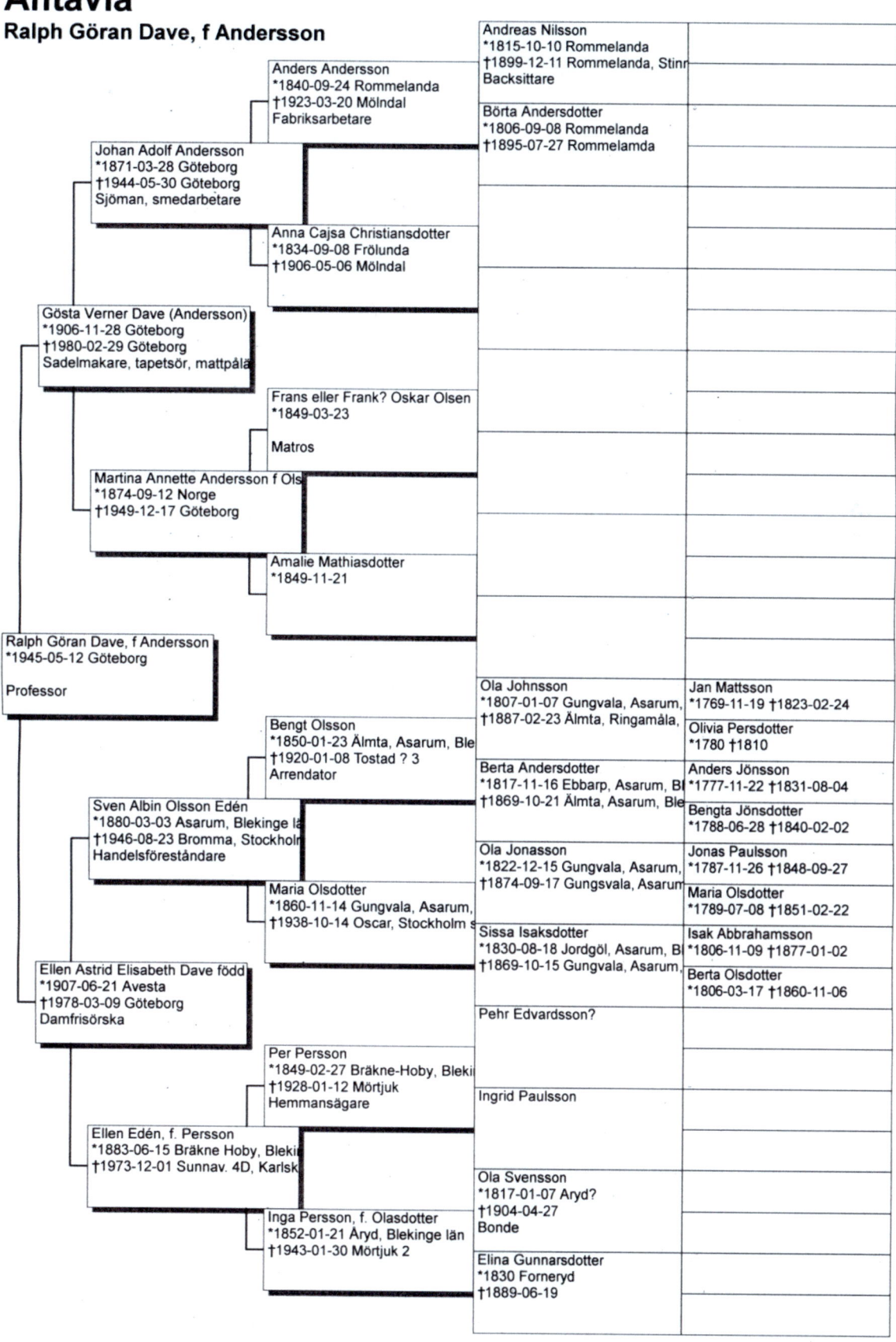

Ralph Göran Dave, f Andersson
*1945-05-12 Göteborg

Professor

Gösta Verner Dave (Andersson)
*1906-11-28 Göteborg
†1980-02-29 Göteborg
Sadelmakare, tapetsör, mattpålä

Johan Adolf Andersson
*1871-03-28 Göteborg
†1944-05-30 Göteborg
Sjöman, smedarbetare

Anders Andersson
*1840-09-24 Rommelanda
†1923-03-20 Mölndal
Fabriksarbetare

Andreas Nilsson
*1815-10-10 Rommelanda
†1899-12-11 Rommelanda, Stinr
Backsittare

Börta Andersdotter
*1806-09-08 Rommelanda
†1895-07-27 Rommelamda

Anna Cajsa Christiansdotter
*1834-09-08 Frölunda
†1906-05-06 Mölndal

Martina Annette Andersson f Ols
*1874-09-12 Norge
†1949-12-17 Göteborg

Frans eller Frank? Oskar Olsen
*1849-03-23

Matros

Amalie Mathiasdotter
*1849-11-21

Ellen Astrid Elisabeth Dave född
*1907-06-21 Avesta
†1978-03-09 Göteborg
Damfrisörska

Sven Albin Olsson Edén
*1880-03-03 Asarum, Blekinge lä
†1946-08-23 Bromma, Stockholm
Handelsföreståndare

Bengt Olsson
*1850-01-23 Älmta, Asarum, Ble
†1920-01-08 Tostad ? 3
Arrendator

Ola Johnsson
*1807-01-07 Gungvala, Asarum,
†1887-02-23 Älmta, Ringamåla,

Jan Mattsson *1769-11-19 †1823-02-24	
Olivia Persdotter *1780 †1810	

Berta Andersdotter
*1817-11-16 Ebbarp, Asarum, Bl
†1869-10-21 Älmta, Asarum, Ble

Anders Jönsson *1777-11-22 †1831-08-04	
Bengta Jönsdotter *1788-06-28 †1840-02-02	

Maria Olsdotter
*1860-11-14 Gungvala, Asarum,
†1938-10-14 Oscar, Stockholm s

Ola Jonasson
*1822-12-15 Gungvala, Asarum,
†1874-09-17 Gungsvala, Asarum

Jonas Paulsson *1787-11-26 †1848-09-27	
Maria Olsdotter *1789-07-08 †1851-02-22	

Sissa Isaksdotter
*1830-08-18 Jordgöl, Asarum, Bl
†1869-10-15 Gungvala, Asarum,

Isak Abbrahamsson *1806-11-09 †1877-01-02	
Berta Olsdotter *1806-03-17 †1860-11-06	

Ellen Edén, f. Persson
*1883-06-15 Bräkne Hoby, Bleki
†1973-12-01 Sunnav. 4D, Karlsk

Per Persson
*1849-02-27 Bräkne-Hoby, Bleki
†1928-01-12 Mörtjuk
Hemmansägare

Pehr Edvardsson?

Ingrid Paulsson

Inga Persson, f. Olasdotter
*1852-01-21 Åryd, Blekinge län
†1943-01-30 Mörtjuk 2

Ola Svensson
*1817-01-07 Åryd?
†1904-04-27
Bonde

Elina Gunnarsdotter
*1830 Forneryd
†1889-06-19

7

När detta var klart kände jag mig ganska nöjd, men samtidigt besviken. Resultatet bestod ju mestadels av döingar i form av namn, födelsedatum, föräldrar, syskon och församlingar. Det enda jag visste om mina förfäder var vad mina föräldrar berättat om sina föräldrar och syskon. Mina nu levande släktingar, ffa mina kusiner som var lätt räknade, kände jag ju till redan innan jag börjat släktforska. Mina mer avlägsna nu levande släktingar som sysslingar och bryllingar visste jag ju inget om. Jag var också lite avundsjuk på min fru Britt Marie som visste en hel del om sin släkt. Hennes släkt är dessutom betydligt större än min egen, och med vilken hon dessutom umgås regelbundet. Från min egen släkt umgås jag bara med min syster Harriet, hennes familj och en av mina kusiner, Rolf Karlsson, som bor nära mig. Dessutom umgås jag givetvis med mina barn och även med mina ungdomsvänner från Järnbrott. De senare har väl blivit för mig vad syskon och kusiner är för min fru. Vi umgås dessutom mycket med Britt Maries barn och syskon i Strömstad, samt med Britt Maries och mina gemensamma vänner. När detta skrivs i oktober 2021 så sker ju det mesta umgänget via telefon på grund av Corona-epidemin, men det skall väl snart bli bättre. Den som lever får se.

Släktforskning med hjälp av DNA blev ett lyft

Eftersom jag saknade inspiration och ork att söka vidare bakåt i tiden i kyrkböckerna så kunde det vara intressant att ta hjälp av DNA, så jag lånade en bok om detta på biblioteket (Sjölund, 1919). Trots att jag är biolog och forskare så tyckte jag, även om provet gick lätt att skicka in, att det lät väldigt krångligt att tolka svaret. Jag undrade vad jag kunde få ut av det. Så jag blev positivt överraskad när jag fick svaren från *Ancestry* och *My heritage*, som var mycket instruktiva och användarvänliga. Intresset för DNA-forskning har dessutom gått framåt med stormsteg de senaste åren, inte minst via uppklarandet av gamla brott, sk cold cases, i ett par uppmärksammade fall. Intresset är nu jättestort och det kommer ut ny information hela tiden, inte minst via nätet.

I början, när jag granskade mina DNA-träffar, var det mest bryllingar och pysslingar som listades, och jag kände inte igen ett enda namn, så jag var tveksam till hur tillförlitligt detta var och tveksam till om det var värt besväret. Problemet att komma underfund med hur vi var släkt kvarstod dock, och ett föredrag av gurun på området, Peter Sjölund, gav också vid handen att det var ganska mycket jobb för en amatör på området, som jag, att nysta vidare. Jag var heller inte så motiverad att ta reda på hur vi var släkt i detalj, utan snarare om att få veta lite mer om dessa mina nu levande släktingar, vilka de var, var de bodde osv, samt förhoppningsvis att vi kanske kunde hjälpas åt att ta reda på hur vi var släkt.

Ett nytt besök på mina DNA-träffar på *Ancestry* bekräftade också att en stor del av mina gener härstammade från södra Sverige, och framför allt från Blekinge och Småland, samt i viss mån från Norge, norra Sverige, Öland, Gotland, Åland, Island och Lettland – Litauen. En annan kul detalj var att man kunde se tillbaka i tiden varifrån generna härstammade, och man kunde även se hur och när de "utvandrat" till USA och Australien. Motsvarande koll på *My heritage* gav, av förståeliga skäl en något annorlunda härstamning (andra personer med annan geografisk fördelning som skickat in prover). Men resultatet var lika intressant och överskådligt, även om tillförlitligheten till härstamning kan vara tveksam enligt Peter Sjölund (1919).

Jag insåg snart att jag inte skulle klara av att ta reda på hur jag var släkt med mina DNA-träffar via kyrkböcker eller matchning med andras släktträd. Jag hade provat att kontakta några av mina DNA-träffar via mail ganska direkt efter att jag fått resultaten från *Ancestry* och *My heritage,* och jag hade fått en mail-kontakt från Texas och en telefonkontakt i Sverige, men utan att bli mycket klokare för det. Efter ett halvår dök det upp en ny DNA-träff på *Ancestry* som var betydligt hetare än de andra, vilka som bäst var tredje- till sjättekusiner. Namnet (David Björk) var bekant och det visade sig vara min systers barnbarn. Jag ringde upp honom och det stämde mycket riktigt. Detta var för mig ett definitivt bevis på att DNA-testet visade rätt och att alla de hundratals träffar jag fått var mina - om än avlägsna - släktingar. Samtidigt hade *Ancestry*'s och *My heritages* hemsidor förbättrats så att det gick att se varifrån ens DNA kom lands- och regionsvis, och i mitt fall stämde det med att mina far- och morföräldrar kom från Småland och Blekinge. Detta blev något av en nytändning och jag bestämde mig därför att kontakta mina DNA-träffar med ett lite mer utförligt mail, och att skriva det på engelska, eftersom många av dem var amerikaner som förmodligen inte kunde svenska, men att mina svenska DNA-träffar kunde engelska. Så här blev det:

My name is Göran Dave, and I live in Torslanda, a suburb of Gothenburg, on the Swedish West Coast. I was born on May 1945, in the parish of Johanneberg, Gothenburg.

On my fathers (Gösta Verner Dave (born Andersson) side I come from Forserum, a small community in the County of Jönköping, Northern Småland, where my biological grandmother Paulina Susanna Magnusson, born on August 8, 1881. Her father was Klaes Viktor Magnusson, born on October 18, 1857, in Hakarp. My farther's biological father is unknown.

On my mothers (Astrid Ellen Elisabeth Dave, (born Edén) side I come from Bräkne-Hoby, Blekinge, and Asarum, Blekinge, where my grandfather, Sven Albin Olsson Edén, born on March 3, 1880, was born in Asarum. My grandmother, Ellen Edén, born Persson, was born on June 15, 1883, in Bräkne-Hoby.

Because we are related much further back it will be hard to find out how we are related. A first step could be to find out whom we are (name, address, mail, telephone nr.) and if we have some common origin geographically (town, municipality, parish, etc). This information would probably be of interest to most of us.

Not least, since we are not getting younger, it would be nice if we could pass this information on to our children and grandchildren.

Therefore I ask you to (1) respond that you have got this mail, and (2) to send me your address, email and telephone nr either by mail directly to me or by an sms (see below), and (3) I will reply with a more comprehensive story of my life.

Kind regards

Göran Dave, Smedkullen 5B, S-423 49 Torslanda, Sweden; Email: gorandave4@gmail.com

Tel nr +46-705-666656

Eftersom DNA-träffarna antydde släktskap som "1-2 cousin, 3-4 cousin, 4-6 cousin osv" på *Ancestry*, och "syssling, sysslingbarn, brylling, pyssling osv" på *My heritage*, så kan det vara bra att reda ut vad dessa begrepp innebär.

Generation	Benämning	Benämning	English	cM (centiMorgan)
1	Syskon			2150-3070
2	Kusin	Kusin	1st cousin	533-1379
3	Syssling	Tremänning	2nd cousin	43-503
4	Brylling	Fyrmänning	3rd cousin	0-198
5	Pyssling	Femmänning	4th cousin	
6	Trassling	Sexmänning	5th cousin	

DNA-sökningen anger möjligt släktskap genom att mäta hur mycket DNA (gener) i form av cM (centimorgan) som man delar, ju högre värde – ju närmare släktskap. I resultatet från *My heritage* anges även hur detta "överlapp" är fördelat i genomet. Därigenom är det möjligt att se hur gener vandrat mellan generationer och andra intressanta frågor (genom triangulering). Detta kräver dock mer kunskap och mer arbete, och jag har inte provat detta förrän nyligen. Genom att få reda på släktskapet är det lättare att lokalisera var i släktträdet man är släkt, men ofta är det inte så lätt som man kan tro. Men däremot kan man nog vara säker på <u>att</u> släktskapet via DNA-test är riktigt, även om det kan krävas en hel del arbete och tid för att komma fram till <u>hur</u> man är släkt med sina "DNA-träffar".

Min sökning via *Ancestry*

Totalt har (2019) 15 000 000 personer testats på *Ancestry*, som grundades 1983. Till december 2020 har jag fått 206 träffar (matchningar som är bättre eller lika med sjumänning). Bland de 35 bästa finns 7 i södra Sverige, 4 i centrala Sverige, 23 i USA (spridda) och en i Australien (Melbourne). Av sammanfattningen framgår att mitt ursprung kommer till 70% från Sverige med orter som Kristianstad, Sölvesborg, Karlshamn, Olofström, Ödeshög, Aneby, Nässjö, Jönköping, Tingsryd, Emmaboda, Ronneby, Kalmar, 29% från Norge och 1% från Baltikum. På hemsidan kan man även utläsa släktskap periodvis från 1700-talet till 1900-talet och då bl a följa emigrationen till USA. Det finns även möjlighet att maila träffarna, vilket jag provat. Tyvärr kommer svaren till *Ancestrys* hemsida och jag har haft problem att läsa dem. Svarsfrekvensen har dessutom varit låg, så det har varit svårt att komma vidare. Detta beror kanske också på att släktskapet är avlägset.

Mina bästa träffar på *Ancestry* med mest delat DNA (cM=centiMorgan) listas nedan.

Namn	**Släktskap**	**cM delat**	**Kommentar**
David Björk	Kusin-tremänning	<u>919</u>	Bästa träff, min systers barnbarn
Cajsa Moberger	4-5männing	<u>146</u>	Inget svar på mail
Peter Elliot	4-5männing	<u>132</u>	Inget svar på mail
Ken Madsen	4-5männing	<u>123</u>	Träd med 2406 pers. Inget svar på mail
Kendal Benzel	5-7männing	<u>65</u>	Inget svar på mail
Jimmy Madsen	5-7männing	<u>64</u>	Inget svar på mail
cmandles@gmail.com	4-6 cousin	<u>50</u>	Träd med 62 pers.
Jonathan Castlebolt	4-6 cousin	<u>50</u>	Träd med 337 pers.
Barbara Castlebolt	4-6 cousin	<u>46</u>	Träd med 8 pers.
Steph Pearson	5-7männing	<u>45</u>	Träd med 252 pers.
William Boklund	5-7 männing	<u>43</u>	Mailsvar med adress och bekräftelse om ursprung i Forserum. Mailkontakt startad
- <u>206 personer</u>			

Min sökning via *My heritage*

Totalt har 2 500 000 testats på *My heritage* från 2003 till 2019. Jag har fått 859 matchningar (träffar) på *My heritage* till december 2020. Mitt ursprung har beräknats komma från Skandinavien (64%), Irland, Skottland och Wales (14%), Finland (17%) och Östeuropa (17%). Hemsidan är något annorlunda än *Ancestry*s, men principerna är likartade. På plussidan ligger, för min del, att flertalet träffar är från Sverige, och med högre släktskap (mer cM) för de högst rankade, vilket säkert medför att det kan vara lättare att komma vidare.

Mina bästa träffar på *My heritage* med mest delat genom (cM=centiMorgan) listas nedan.

Namn	Släktskap	cM delat	Kommentar
Solvig Elisabet Karlsson (f Frisk)	-syssling	284,5 (4,0%)	Släktträd med 217 p. Mail till Bernt Christer Wahlberg. Inget svar.
Rustan Blom	-sysslingbarn	196,5 (2,8%)	Kontakt via mail och telefon. Släktträd med 1622 pers. Mycket kunnig.
Lise-Lotte Solveig Wahlberg (f Karlsson)	-sysslingbarn	194,4 (2,7%)	Släktträd med 217 p. Mail till Bernt Christer Wahlberg
Tomas Karlsson	-sysslingbarn	167,2 (2,4%)	Inget svar på mail
Gunnar Strand	-sysslingbarn	107,6 (1,5%)	Släktträd med 351 p. Från Bräkne Hoby enligt mailkontakt med Christina Blanck, som är mycket kunnig.
Tom Rickard de Corbin Elliot	-bryllingbarn	105,1 (1,5%)	Släktträd med 87 p. Mailkontakt
Kurt Persson	-bryllingbarn	99,4 (1,4%)	Släktträd med 361 p. Mailkontakt med Camilla Blanck
Jenifer Scott, USA	-pyssling	86,5 (1,2%)	
Helen Sturesson, Norge	-pyssling	84,2 (1,2%)	Släktträd med 716 p.
- 859 personer			

Jag har varit i kontakt med Rustan Blom, som är min näst bästa DNA-träff. Han har egen hemsida om sin släktforskning med ett släktträd som omfattar 1622 personer. Han är en erfaren släktforskare och vi har utbytt våra släktträd. Trots detta vet vi när just detta skrivs inte hur vi är släkt. Det är inte så lätt – men skam den som ger sig, och mer om detta senare.

Min sökning via Family Tree DNA

Lite senare gjorde jag motvarade DNA-test via *FamilyTree* med följande bästa träffar.

Namn	Släktskap	cM delat	Kommentar
Åke Blom	Kusin-fyrmän.	332	Rustan Bloms far är närmare släkt än Rustan Blom
Henrik Lindman	Kusin-fyrmän.	320	Johan Lindhardts morbror
Rustan Blom	Tre-fyrm.	189	Kontakt via telefon. Möjligen släkt via min okända farfar.
Johan Lindhardt	Tre-fyrm.	178	Kontakt via mail och telefon. Också möjlig släkt via min farfar.
Rolf Persson	Tre-femm.	119	
Gunnar Strand	Tre-femm.	107	Se ovan för My heritage.

Några andra personer (träffar) hade testat sig både via *MyHeritage* och *FamilyTree* och släktskapet stämde bra. För delat genom (cM) var det 321 respektive 332 för Åke Blom, 197 respektive 189 för Rustan Blom, 108 respektive 107 för Gunnar Strand och 99 respektive 92 för Kurt Persson. För en mer avlägsen DNA-släkting (Henrik Sturesson var det 36 respektive 34 cM). Utan att ha gjort en mer detaljerad jämförelse av gensegment, vilket är möjligt, så tycker jag ändå att detta tyder på en god tillförlitlighet för DNA-testerna.

En jämförelse av mina träffar på de olika DNA-testföretagen visade även på en stor variation i totala träffar (släktskap med mig) från 206 på *Ancestry* till 4399 på *FamilyTree*, och det ökar hela tiden, vilket tillsammans med variationen i DNA-släktingar visar på värdet med att använda mer än ett testföretag.

Besök på plats där mina mor- och farföräldrar bott

Min mormor kom från Bräkne-Hoby, utanför Ronneby, och min morfar kom från Asarum utanför Karlshamn. Min biologiska farmor kom från Forserum, utanför Jönköping. Så jag bestämde mig för att besöka dessa platser under sommaren 2021. Innan besöket kontaktade jag hembygdsföreningar och släktforskare på platsen för att träffas.

Forserum är en tätort mellan Jönköping och Nässjö med ca 2000 invånare. Forserum växte upp till ett industrisamhälle under andra halvan av 1800-talet då järnvägen kom och Bobinfabriken, där min farmors far arbetade, startades. Här tillverkades (svarvades) trådrullar till vävstolar (bobiner) och senare även metall- och kemiska produkter. Idag tillhör Forserum, som har ca 2000 invånare, Nässjö kommun. I kommunen finns många företag och en aktiv Samhällsförening.

Forserum centrum

Forserum kyrka

Efter att ha kontaktat kulturnämndens ordförande Magnus Wahlström och släktforskaren Göran Johansson och stämt träff besökte jag Forserum i maj 2021. Där träffade jag även Lars-Göran Bengtsson på Forserums Bygde- och Industrimuseum. Muséet skildrar hur tillkomsten av järnvägen 1864 förvandlade den gamla kyrkbyn till ett sjudande industrisamhälle. Kring stationen längs järnvägen har under åren ett hundratal industriföretag och handelsföretag byggts upp, brunnit ned och omvandlats med stora variationer i produkter. Historien vittnar om uppfinningsrikedom, yrkeskompetens, förmåga att samarbeta och företagsamhet. Några företag var stora, de flesta var små. De tillverkade bobiner (trådrullar till vävstolar), filar, yxor, vågar, brödkavlar, klädhängare, tvättklämmor, rullgardiner, skumgummi, små och stora hus – och mycket annat (Forserums hembygdsförening, 2010; 2011).

Göran Johansson, Magnus Wahlström och Lars-Göran Bengtsson bland klädhängare, klädnypor och yxor på industrimuséet i Forserum.

Efter hembygdsmuséet åkte vi till kyrkan, där Göran Johansson visade gravstenen efter min anfader Gustaf Håkansson (1601-1692), den pampigaste graven till en riksdagsman (J. Samuelson 1803-1880) som jag också var släkt med enligt Göran Johansson samt min farmors fars grav (Klas Viktor Magnusson, 1857-1930). Riksdagsman Samuelson bidrog till tillkomsten av såväl järnvägsstationen och det nya fabriksområdet på Fabriksgatan, där Bobinfabriken, som min farmors far arbetade på i många år, fanns. På begravningsplatsen träffade vi även en kvinna som jag enligt Göran Johansson är släkt med, men jag vet inte hur. Men Göran Johansson vet eller kan ta reda på hur så gott som alla nu levande och döda är släkt i Forserum, och jag fick ett gedigen samman ställning av mina anfäder från Forserumstrakten med mig hem (se nedan). Detta hade jag aldrig klarat av själv.

Gustaf Håkansson (min anfader från 1601-1692) har en minnessten som står vid entrén till kyrkan. Den pampigaste graven vid Forserums kyrka tillhör riksdagsmannen J. Samuelson (1803-1880) med familj. Även han är jag släkt med på något sätt enligt Göran Johansson.

Även min farmors far Claes Magnusson's grav finns kvar. På kyrkogården träffade vi även fru och dotter till Gunnar Wilson (1932-2019), som jag enligt Göran Johansson också är släkt med.

Inför vårt möte hade Göran Johansson forskat på min biologiska farmor, och sammanställt hennes släkt i Forserum. Nedan visas två sidor av mina anfäder från Forserum, från min farmor Paulina Susanna Magnusson (1881-1968) till min anfader Gustaf (Giösta) Håkansson (1601-1692). Göran Johansson bifogade förutom dessa bägge sidor en levnadsbeskrivning för Gustaf Håkansson med utskrifter från några domar, som var väldigt detaljerade och intressanta. Han hade därmed kartlagt min släkt från Forserum ned till 1600-talet, vilket jag aldrig skulle ha klarat att göra. Jag har själv som mest lyckats komma ned till slutet av 1700-talet, där de digitaliserade folkräkningarna tar slut.

Eftersom jag bara besökte Forserum över dagen, så hann jag inte besöka de ställen (gårdar, byar) där mina förfäder bott, så tyvärr blir det mest namn på personer och orter samt årtal utan någon djupare innebörd för mig. Det blir ju annorlunda för de som bott där och släktforskat på platsen som Göran Johansson. Men det blev ändå en bra början till en förståelse av en del av mina småländska rötter tack vare mötet med Göran Johansson, Magnus Wahlström och Lars-Göran Bengtsson.

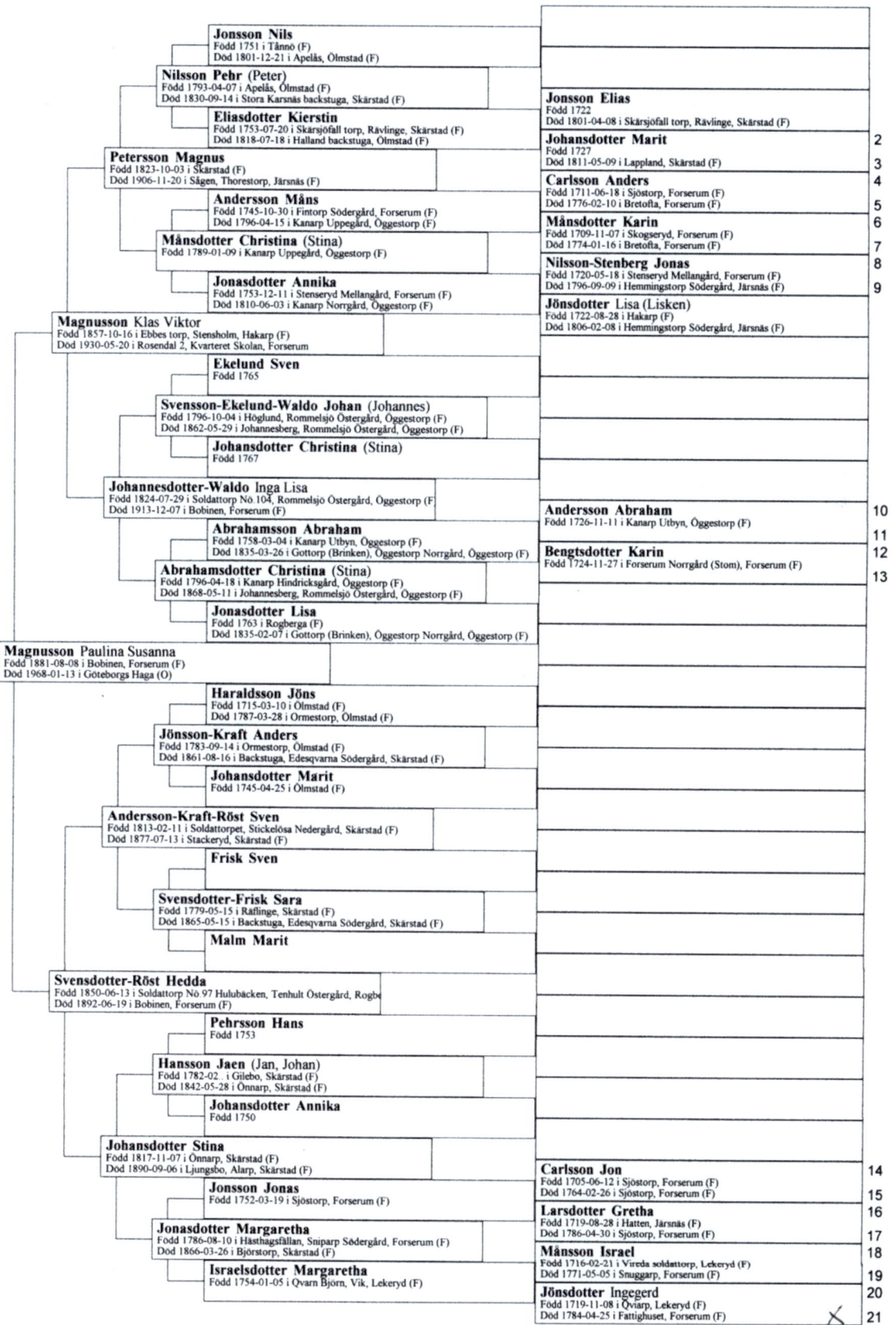

Jonsson Nils
Född 1751 i Tånnö (F)
Död 1801-12-21 i Apelås, Ölmstad (F)

Nilsson Pehr (Peter)
Född 1793-04-07 i Apelås, Ölmstad (F)
Död 1830-09-14 i Stora Karsnäs backstuga, Skärstad (F)

Eliasdotter Kierstin
Född 1753-07-20 i Skärsjöfall torp, Rävlinge, Skärstad (F)
Död 1818-07-18 i Halland backstuga, Ölmstad (F)

Petersson Magnus
Född 1823-10-03 i Skärstad (F)
Död 1906-11-20 i Sågen, Thorestorp, Järsnäs (F)

Andersson Måns
Född 1745-10-30 i Fintorp Södergård, Forserum (F)
Död 1796-04-15 i Kanarp Uppegård, Öggestorp (F)

Månsdotter Christina (Stina)
Född 1789-01-09 i Kanarp Uppegård, Öggestorp (F)

Jonasdotter Annika
Född 1753-12-11 i Stenseryd Mellangård, Forserum (F)
Död 1810-06-03 i Kanarp Norrgård, Öggestorp (F)

Magnusson Klas Viktor
Född 1857-10-16 i Ebbes torp, Stensholm, Hakarp (F)
Död 1930-05-20 i Rosendal 2, Kvarteret Skolan, Forserum

Ekelund Sven
Född 1765

Svensson-Ekelund-Waldo Johan (Johannes)
Född 1796-10-04 i Höglund, Rommelsjö Östergård, Öggestorp (F)
Död 1862-05-29 i Johannesberg, Rommelsjö Östergård, Öggestorp (F)

Johansdotter Christina (Stina)
Född 1767

Johannesdotter-Waldo Inga Lisa
Född 1824-07-29 i Soldattorp Nö.104, Rommelsjö Östergård, Öggestorp (F
Död 1913-12-07 i Bobinen, Forserum (F)

Abrahamsson Abraham
Född 1758-03-04 i Kanarp Utbyn, Öggestorp (F)
Död 1835-03-26 i Gottorp (Brinken), Öggestorp Norrgård, Öggestorp (F)

Abrahamsdotter Christina (Stina)
Född 1796-04-18 i Kanarp Hindricksgård, Öggestorp (F)
Död 1868-05-11 i Johannesberg, Rommelsjö Östergård, Öggestorp (F)

Jonasdotter Lisa
Född 1763 i Rogberga (F)
Död 1835-02-07 i Gottorp (Brinken), Öggestorp Norrgård, Öggestorp (F)

Magnusson Paulina Susanna
Född 1881-08-08 i Bobinen, Forserum (F)
Död 1968-01-13 i Göteborgs Haga (O)

Haraldsson Jöns
Född 1715-03-10 i Ölmstad (F)
Död 1787-03-28 i Ormestorp, Ölmstad (F)

Jönsson-Kraft Anders
Född 1783-09-14 i Ormestorp, Ölmstad (F)
Död 1861-08-16 i Backstuga, Edesqvarna Södergård, Skärstad (F)

Johansdotter Marit
Född 1745-04-25 i Ölmstad (F)

Andersson-Kraft-Röst Sven
Född 1813-02-11 i Soldattorpet, Stickelösa Nedergård, Skärstad (F)
Död 1877-07-13 i Stackeryd, Skärstad (F)

Frisk Sven

Svensdotter-Frisk Sara
Född 1779-05-15 i Räflinge, Skärstad (F)
Död 1865-05-15 i Backstuga, Edesqvarna Södergård, Skärstad (F)

Malm Marit

Svensdotter-Röst Hedda
Född 1850-06-13 i Soldattorp Nö 97 Hulubäcken, Tenhult Östergård, Rogbe
Död 1892-06-19 i Bobinen, Forserum (F)

Pehrsson Hans
Född 1753

Hansson Jaen (Jan, Johan)
Född 1782-02... i Gilebo, Skärstad (F)
Död 1842-05-28 i Önnarp, Skärstad (F)

Johansdotter Annika
Född 1750

Johansdotter Stina
Född 1817-11-07 i Önnarp, Skärstad (F)
Död 1890-09-06 i Ljungsbo, Alarp, Skärstad (F)

Jonsson Jonas
Född 1752-03-19 i Sjöstorp, Forserum (F)

Jonasdotter Margaretha
Född 1786-08-10 i Hästhagsfällan, Sniparp Södergård, Forserum (F)
Död 1866-03-26 i Björstorp, Skärstad (F)

Israelsdotter Margaretha
Född 1754-01-05 i Qvarn Björn, Vik, Lekeryd (F)

Jonsson Elias
Född 1722
Död 1801-04-08 i Skärsjöfall torp, Rävlinge, Skärstad (F)

Johansdotter Marit
Född 1727
Död 1811-05-09 i Lappland, Skärstad (F)

Carlsson Anders
Född 1711-06-18 i Sjöstorp, Forserum (F)
Död 1776-02-10 i Bretofta, Forserum (F)

Månsdotter Karin
Född 1709-11-07 i Skogseryd, Forserum (F)
Död 1774-01-16 i Bretofta, Forserum (F)

Nilsson-Stenberg Jonas
Född 1720-05-18 i Stenseryd Mellangård, Forserum (F)
Död 1796-09-09 i Hemmingstorp Södergård, Järsnäs (F)

Jönsdotter Lisa (Lisken)
Född 1722-08-28 i Hakarp (F)
Död 1806-02-08 i Hemmingstorp Södergård, Järsnäs (F)

Andersson Abraham
Född 1726-11-11 i Kanarp Utbyn, Öggestorp (F)

Bengtsdotter Karin
Född 1724-11-27 i Forserum Norrgård (Stom), Forserum (F)

Carlsson Jon
Född 1705-06-12 i Sjöstorp, Forserum (F)
Död 1764-02-26 i Sjöstorp, Forserum (F)

Larsdotter Gretha
Född 1719-08-28 i Hatten, Järsnäs (F)
Död 1786-04-30 i Sjöstorp, Forserum (F)

Månsson Israel
Född 1716-02-21 i Vireda soldattorp, Lekeryd (F)
Död 1771-05-05 i Snuggarp, Forserum (F)

Jönsdotter Ingegerd
Född 1719-11-08 i Qviarp, Lekeryd (F)
Död 1784-04-25 i Fattighuset, Forserum (F)

2
3
4
5
6
7
8
9

10
11
12
13

14
15
16
17
18
19
20
21

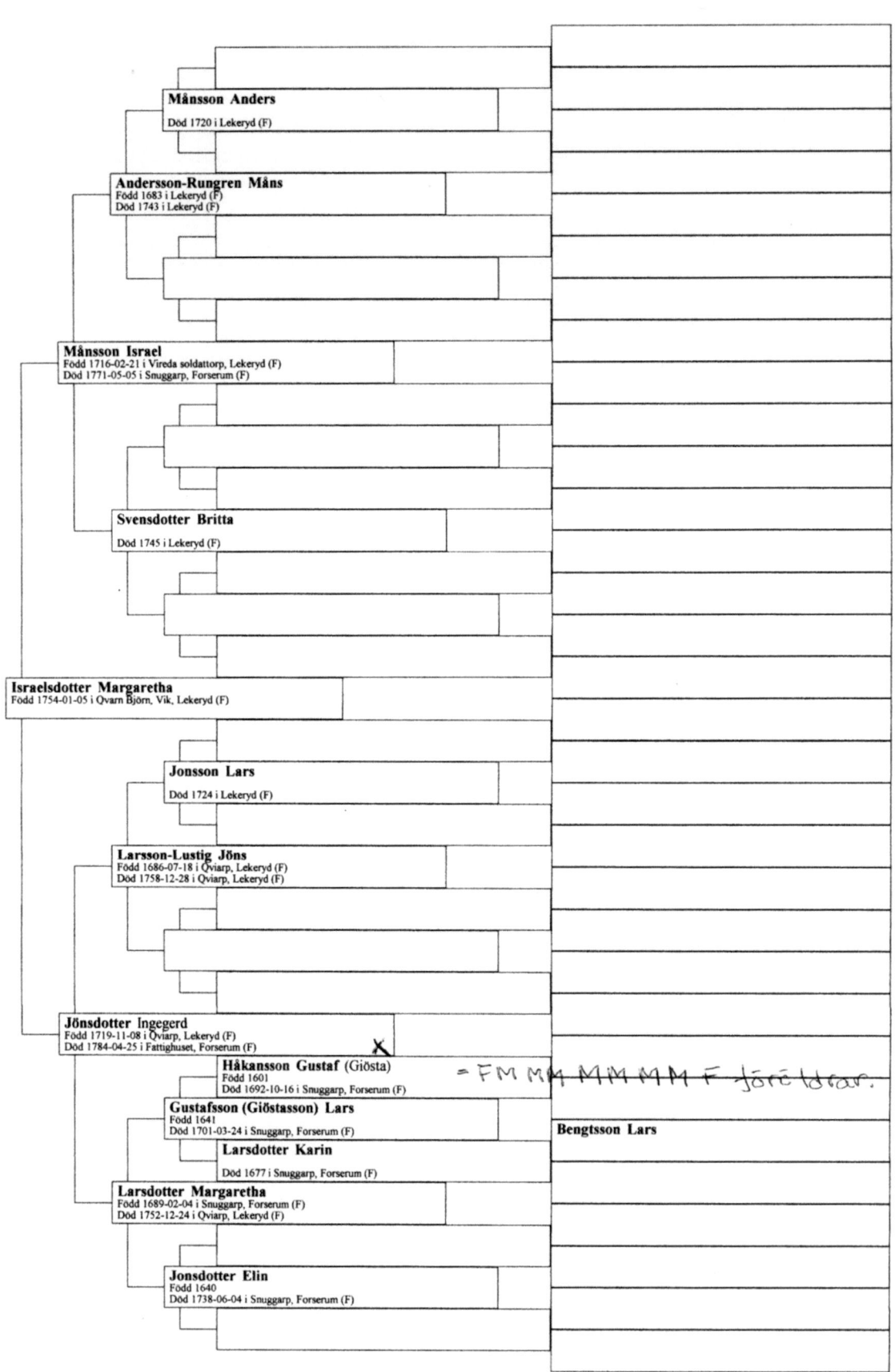

Månsson Anders
Död 1720 i Lekeryd (F)

Andersson-Rungren Måns
Född 1683 i Lekeryd (F)
Död 1743 i Lekeryd (F)

Månsson Israel
Född 1716-02-21 i Vireda soldattorp, Lekeryd (F)
Död 1771-05-05 i Snuggarp, Forserum (F)

Svensdotter Britta
Död 1745 i Lekeryd (F)

Israelsdotter Margaretha
Född 1754-01-05 i Qvarn Björn, Vik, Lekeryd (F)

Jonsson Lars
Död 1724 i Lekeryd (F)

Larsson-Lustig Jöns
Född 1686-07-18 i Qviarp, Lekeryd (F)
Död 1758-12-28 i Qviarp, Lekeryd (F)

Jönsdotter Ingegerd
Född 1719-11-08 i Qviarp, Lekeryd (F)
Död 1784-04-25 i Fattighuset, Forserum (F)

Håkansson Gustaf (Giösta)
Född 1601
Död 1692-10-16 i Snuggarp, Forserum (F)

Gustafsson (Giöstasson) Lars
Född 1641
Död 1701-03-24 i Snuggarp, Forserum (F)

Larsdotter Karin
Död 1677 i Snuggarp, Forserum (F)

Larsdotter Margaretha
Född 1689-02-04 i Snuggarp, Forserum (F)
Död 1752-12-24 i Qviarp, Lekeryd (F)

Jonsdotter Elin
Född 1640
Död 1738-06-04 i Snuggarp, Forserum (F)

X = FM MM MM MM F föräldrar.

Bengtsson Lars

Bräkne-Hoby är en tätort i Ronneby kommun, Blekinge län, belägen vid E22:an mellan Ronneby och Karlshamn. I samhället ligger ICA Lanthallen, Hobygrillen, Hoby pizzeria, restaurang Alfreds och delikatessbutiken Wiktor Olssons. Dessutom finns Bräkne-Hoby kyrka och ett kulturcentrum med folkhögskola, naturbruksgymnasium, gymnasiesärskola, F6-skola och Blekingearkivet (ett arkiv för folkrörelse och lokalhistoria, grundat 1982). Brandstationen är en deltidsstation. Det finns även en järnvägsstation vid Blekinge kustbana. Idag bor ca 1700 personer i Bräkne-Hoby.

Flygfoto över samhället   Kyrkan

Asarums socken och pastorat ingick tidigare i Bräkne härad, men tillhör nu Karlshamns kommun. I pastoratet ingår även Ringemåla församling. I socknen bor ca 10 000 personer.

Asarum kyrka   Ringemåla kyrka

Jag besökte Bräkne-Hoby två dagar i augusti 2021. Innan besöket hade jag stämt träff med Vanja Stjernberg. Vanja är en erfaren släktforskare med merparten av sin släkt i Bräkne-Hoby. Liksom Göran Johansson i Forserum, så känner hon allt och alla - fast i Bräkne-Hoby, såväl nu som flera generationer tillbaka. Vanja hade tagit reda på mycket om mina släktingar på min mormors sida, som vi gick igenom första dagen. Andra dagen åkte vi runt till olika gårdar, där mina förfäder bott. Gårdarna är sålda sedan länge och är inte längre i mina släktingars ägo, men det var ändå intressant att se hur de bott. Det är vackert i Blekinge och vi hade en fin förmiddag i trakterna runt Bräkne-Hoby.

Vi besökte Mörtjuk 6:2 i Bräkne-Hoby, som min farmors bror (Per Uno Persson) ägt, Mörtjuk 2:2 i Bräkne-Hoby, där min farmors föräldrar med familj bodde. Dessutom besökte vi Silpinge Stora 5:4 (Holgersgården) i Härsjön, Törneryd 5:2, Mårserum, Tarap 2:4, Bräkne-Hoby, Garanäs 1:4, Kullåkra. Jag har fått bilder och uppgifter om samtliga dessa fastigheter av Vanja. Nedan visas bilder på två av gårdarna som mina anfäder brukat.

DNA-spårning av min okända farfar

Via min DNA-testning på *My heritage* fick jag en bra träff på Rustan Blom, och ännu bättre på hans far samt ytterligare några personer, som identifierats i ett cluster med hjälp av *My heritage*. Rustan är en erfaren släktforskare med en aktiv hemsida och ett stort släktträd. Så vi var båda ganska säkra på att vi var släkt via min okända farfar. För att gå vidare kontaktade vi Peter Sjölund via mail, men utan svar. Vi försökte därför på egen hand.

Genom min testning på *Family tree* kom jag i kontakt med ytterligare en nära DNA-släkting, Johan Lindhardt, även han en erfaren släktforskare som skrivit flera böcker om sin släkt (Långarydssläkten, världen största kartlagda släkt, www.langarydsslakten.se; Andersson och Lindhardt, 2006). Johan lyckades identifiera en möjlig farfar till mig via sin mors sida, och fann att min farmor och hans mormors morbror bott nära varandra i Göteborg (Torggatan 12 respektive Östra Hamngatan 19) vid tiden för min fars tillkomst. Det skulle även gå att bekräfta via Y-DNA-test av en fyrmänning till Johans mor. Jag letade även autosomalt DNA-släktskap med denna fyrmänning, men det var tyvärr utan träff. Så Johan undersökte vidare en generation ytterligare bakåt i tiden, och hittade en ny möjlig farfar. Så där stod jag med två möjliga - men ännu obekräftade farfäder. DNA-genealogi är inte så lätt. Bland de tusentals DNA-träffar jag fått visste jag då inte hur någon av dem är släkt med mig, med undantag från min systers barnbarn.

För att få ny inspiration beställde jag test av mitokondrie-DNA, som ärvs via mödernet, och Y-DNA som ärvs via fädernet. Jag lusläste Peter Sjölunds bok (Sjölund, 1919) och studerade Rustan Bloms släktträd. Jag beställde även en ny kluster-analys på *My heritage*. Jag hoppades att få fyra distinkta kluster, ett kopplat till vardera min farmor, farfar, mormor och morfar, såsom Peter Sjölund fått för sina släktingar. I stället fick jag drygt 20 kluster, så jag hoppas någon kan hjälpa mig med att få det mer begripligt via inställningar av minsta cM, eller på något annat vis. Tyvärr finns möjligheten till kluster-analys för närvarande bara på *My heritage*, och enligt Peter Sjölund även via *Genetic affairs* och *Gedmatch*.

När jag fick svaren på mitt Y-DNA-test och mitt mitokondrie-DNA-test trodde jag att många frågetecken skulle rätas ut. Men tyvärr blev det inte så. Jag fick endast en träff på mitt Y-DNA som angav R-M198, vilket är en vanlig haplogrupp, och träffen var en för mig okänd person (Mark Peterson, med en anfader från Karmar). Utan träff på honom via mitt autosomala DNA var det svårt att komma vidare. Jag provade att sänka Y-DNA från 67 till 12 och fick då totalt 926 träffar, varav 400 hade min haplogrupp (R-M198). Det var många nya namn utan närmare anknytning (ort, anfader, etc) utan endast land, så jag nöjde mig med att summera ursprungsland för samtliga med R-M198 och fann då till min förvåning att 60 kom från Scotland, 39 från Norge, 30 från Sverige, 15 vardera från England och USA, 10 från Irland och 1 till 5 från 18 andra länder, samt 200 utan angivet land. För de senare tydde namnen på att de kom från länderna ovan. Eftersom antalet träffar var så högt blir det närmast omöjligt att gå vidare med dessa träffar. Släktskapet kan också härröra från långt tillbaka i tiden. Men på sikt kanske det kan visa sig intressant.

Svaren från mitt mitokondrie-DNA-test gav 75 träffar. Alla var nya för mig och inte med bland mina "bättre" autosomala träffar. Dessutom verkade merparten vara från utlandet, så jag bestämde mig för att kontakta de med svenska namn och mailadresser framöver.

Sammanfattningsvis återstår en hel del jobb för att reda ut alla trådar, så jag bestämde mig för att fokusera på att ta reda på vem min farfar var. Med hjälp av Johan och Rustan skulle det kanske gå vägen.

En viktig ledtråd var att studera mina bästa träffar för autosomalt DNA med hjälp av triangulerings-verktyget på *My heritage*, vilket jag gjorde. Samtidigt hade Johan och Rustan via sina släktträd kommit fram till hur de var släkt (via Johans mormors mor och Rustans farmors mor). Johan hade ju redan hittat en släkting som skulle kunna vara min farfar. Han hade varit bosatt bara några hundra meter från där min farmor bodde när min far blev till 1906, och han var en av sex bröder Moberger från Kalmartrakten. Ett initialt frågetecken var att min YDNA- grupp skiljde sig från Rustans och Johans YDNA-grupp, men detta kunde enkelt förklaras av att varken Johan eller Rustan hade faderslinjer till Moberger-bröderna. Johan kollade igen på sina anor och hittade en ny möjlig farfar till mig. Problemet var att vi saknade DNA-information om honom. Han hade inga andra söner och saknade sålunda en faderslinje till en nu levande släkting (förutom mig) att stämma av mot. Men Johan identifierade en faderslinje genom att gå ytterligare två generationer bakåt, och sedan framåt. Jag kontaktade honom och han bistod gärna med att skicka in ett DNA-prov. Det blev ett antal veckor av spänning innan svaret kom, vilket dock visade att det inte kunde vara denna person. Det var lite av en besvikelse för vi var jämnåriga och fick bra kontakt.

Under tiden vi väntade på YDNA-resultaten stämde Rustan, Johan och jag träff för att jämföra släktskap och lära känna varandra "face to face". Det var ett intressant möte och samtidigt en bekräftelse på att kontakt med mina DNA-släktingar gett resultat.

Johan Lindhardt, jag och Rustan Blom träffades för att jämföra våra antavlor och diskutera hur vi är släkt hemma hos mig i december 2021. Rustans släktträd på My heritage är 4 meter brett och rymmer drygt 1700 personer.

Johan hade samtidigt bett en släkting med anor på fädernet till Moberger-bröderna (Victor Moberger) att skicka in test för YDNA på *Family tree*. När resultatet kom visade det sig att han och jag hade samma haplogrupp (R-M198). Vem av de sex Moberger-bröderna som var min farfar går inte att se med hjälp av detta YDNA-test, men Johan hade tidigare gissat på att det var Axel Paulus Moberger (se ovan). Axel bodde kvar i Göteborg till 1909-01-24 och hann under den tiden avla även en dotter (Elsa Ingeborg Niklasson, född 1909-04-26) med en annan kvinna. Elsa är sålunda halvsyster till min far och även farmor till Rustan Blom. Så däför delar Rustan, hans far Åke Blom och jag autosomalt DNA. Johans mormors mor är en av 5 systrar till Moberger-bröderna, och en annan DNA-släkting (Solvig Elisabet Frisk född 1936-05-18) har en annan av Moberger-bröderna (David Theodor Moberger född 1873-08-04) som farfar. Så därför delar även Johan och Solvig autosomalt DNA med Rustan och mig. Jag delar även 320 cM med Johans morbror Henrik Lindman.

Nedan visas ett reducerat familjeträd från John Arvid Moberger (1801-1882) för att visa släktskapet mellan Johan Lindhardt, Rustan Blom, Solvig Elisabet Frisk och mig (Göran Dave) med angivande av delat autosomalt DNA (i CentiMorgan, cM) i förhållande till mig samt haplogrupp för Y-DNA.

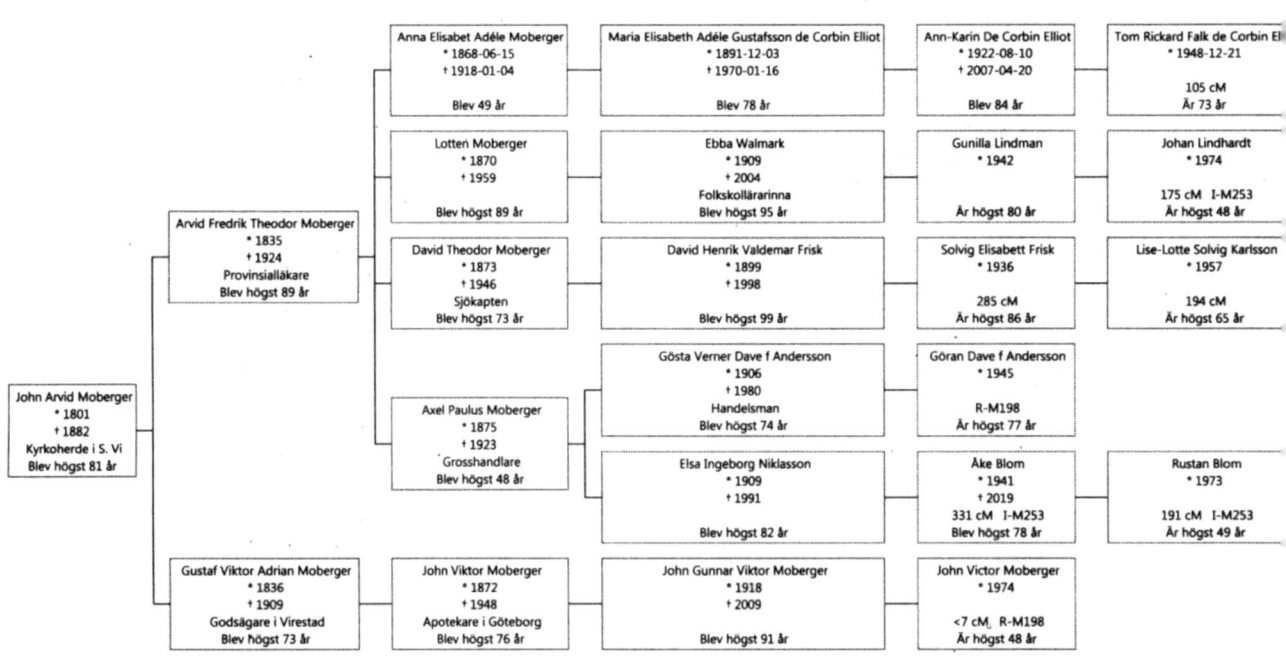

I bilden ovan syns generationer lodrätt. Johan Lindhardt, Lise-Lott Solvig Karlsson och Rustan Blom (i kolumnen längst till höger) delar 175, 194 respektive 191 cM med mig. Men Tom Rickard de Corbin Elliot delar endast 105 cM med mig (varför förstår jag inte). Solvig Elisabeth Frisk och Åke Blom (Rustans far) delar 285 respektive 331 cM med mig, och Gunilla Lindmans bror (Johans morbror) Henrik Lindman (ej med i bilden ovan) delar 320 cM med mig, Men min haplogrupp (R-M198) stämmer inte överens med Johans och Rustans haplogrupp (I-M253), vilket förklaras av att deras släktskap med Moberger-familjen inte följer obrutna fäderneslinjer. Men jag har samma haplogrupp som John Victor Moberger (nederst till höger i bilden), som har obruten faderslinje via sin farfars far John Arvid Moberger (1801-1882; längst till vänster). Trots att Victor och jag är så avlägset släkt att vi inte delar autosomalt DNA (<7 cM med mig på *Family tree*), så har vi ändå samma haplogrupp (R-M198). Detta innebär också att samtliga 6 Moberger-bröder (endast David Theodor och Axel Paulus visas i bilden ovan), deras far, farfar osv också har haft denna haplogrupp - liksom min far (Gösta Dave). I princip skulle det därför kunna vara vem som helst av de 6 bröderna Moberger som är min farfar, men bostadsort för Axel Paulus, min farmor och Rustans farmors mor (1906-01-08—1909-01-24) tyder på att Axel Paulus är min farfar och Åke Bloms morfar. Axel Paulus har ingen anteckning om egna barn på något av de många ställen han varit bosatt, men kanske han har fler "oäkta" barn än min far och Rustans farmor. Våra DNA-tester visade sålunda enligt ovan hur tre "oäkta" barn kunde härledas till två Moberger-bröder. Men utan Johans och Rustans gedigna arkivforskning, nyfikenhet och vilja till samarbete hade detta inte gått att bena ut.

Moberger-brödernas far Arvid Fredrik Theodor Moberger (1835-1924) var provinsialläkare i Högsby utanför Kalmar och deras mor Adéle född von Krusenstjerna (1839-1909) var hemmafru och mor till 6 söner och 5 döttrar. Både Moberger- och Krustenstjerna-släkterna har släktträd som går tillbaka till 1600-talet, så nu återstår bara att föra in alla uppgifterna i *Min släkt*.

Avspeglas släktskap i utseende och fysiologi?

En sak som slagit mig är skillnader i utseendet på mina släktingar som jag sett på min mors sida i det album som min mor fått från sin mor (min mormor). Utseendet består ju dels av längd och vikt men även av ansiktsdrag som man ser på foton. På senare år har det blivit möjligt att göra "fantombilder" av eftersökta brottslingar baserade på DNA-spår, så utseendet har ju som förväntat ett genetiskt ursprung och därigenom en arvbarhet. Detta är ju påtagligt när man betraktar tvillingar och framför allt enäggstvillingar, som ser närmast identiska ut, medan tvåäggstvillingar och syskon oftast är lika men ibland ganska så olika till utseendet. Men generna som ärvs varierar ju också mellan syskon, och de är ju dessutom en blandning av gener på fädernet och mödernet, så detta är egentligen inte så konstigt. Nedärvningen av enskilda gener sker ju dessutom slumpvis (se Sjölund, 2019). Ibland är det lättare att se släktskapet, speciellt om utseendet är avvikande eller karakteristiskt hos alla (mun, näsa, öron, ögonbryn, huvudform, hårfärg, ögonfärg), men ofta skiljer sig utseendet ganska så mycket mellan syskon. Förr, när antalet barn per familj var större, var det lättare att se skillnaderna i utseende mellan syskon, speciellt på familjefoton, där föräldrar och barn stod uppradade. I större barnaskaror kan man ibland skönja grupperingar (mammas eller pappas barn). Utseendet förändras ju även med åldern. Så även om genetiken har sina lagar, så är den också full av överraskningar. Trots dessa komplikationer är det ändå möjligt att utifrån en DNA-analys av t ex ett blodprov kunna rekonstruera ett utseende (fantombild) av en potentiell brottsling, om man har dess DNA, kunskap och laboratorieresurser till sitt förfogande.

En sak som slagit mig är att min far var rödhårig, vilket bara 1-2 procent av världens befolkning är. I Norden är det 2-4 procent och i Skottland 13 procent. Även Irland ligger högt. Rött hår beror på pigmentet feomelanin. Mycket feomelanin ger rött hår och lite ger blont hår. Genen för hårfärg, MC1R, finns i flera varianter och styrs dessutom av flera andra faktorer (epigenitik) och är även kopplad till ljus hy och fräknar. Ärvbarheten för rött hår är sålunda ganska komplicerad (se Wikipedia: rött hår). Att ha både rött hår och blå ögon, som min far hade, är bland det ovanligaste som finns (ca 1%). Andra egenskaper som ärvs mer regelbundet (av dominanta gener) är skrattgropar, bruna ögon och blodgrupp (AB0-systemet), där A, B och AB är dominant över 0, och Rh+ är dominant över Rh-. Men de som har skrattgropar eller bruna ögon har ofta även en av generna utan detta anlag. Så två föräldrar som båda är brunögda kan få blåögda barn (om en av deras båda gener kodar för blå färg blir det i genomsnitt en av fyra barn som blir blåögda). Andra exempel på starkare gener (dominanta egenskaper) är mörk hudfärg, lockigt hår, mörkt hår, stor näsa, bred haka, stora läppar och fräknar. Motsatsen (svagare recessiva gener) är ljus hudfärg, grå och blå ögon, rakt hår, blont och rött hår. Eftersom en viss del av en persons DNA kommer från förfäder längre tillbaka i tiden så kan fysiska särdrag hoppa över en eller flera generationer. Ett barn kan därför mer likna sin mormors mor eller farfars far än sina föräldrar. På Internet finns det spel och appar som blivande föräldrar kan "leka med" och fantisera med om sitt kommande barns utseende (www.moonboon.se). Det går även att räkna ut hur långt ditt barn kommer att bli utifrån föräldrarnas kroppslängd och barnets förväntade kön. Problemet är att osäkerheten för sådana beräkningar är stor.

Eftersom rött hår är ovanligt så har Rustan och Johan kollat på uppgifter om hårfärg bland sina anfäder. Det var då intressant att få reda på att Rustan och en av hans blöder är rödhåriga, och även hans farmor var rödhårig. Även Johans mors syster Martina och Johans mormors syster Adéle var rödhåriga. Så det finns flera rödhåriga på min farfars sida. Även om det finns foton på äldre släktingar, så är ju dessa i svart-vitt, så det kan vara svårt att få en mer heltäckande bild. I nuläget blir det därför beroende av hörsägner, även om det finns metoder att överföra svart-vita bilder till färg.

Eftersom min far var rödhårig, så fokuserade jag på om mina nyfunna släktingar var rödhåriga. På senare bilder och porträttmålningar går det att se hårfärg och ibland även ögonfärg, men på gamla svartvita kort går det inte. Nu finns det dock dataprogram som färglägger svartvita kort, och Rustan har provat ett program som finns på *My heritage* för detta, och Johan har tittat på porträtt från Moberger- och Krusenstjernasläkten och funnit flera rödhåriga, bl a Johans mormors syster. Även Rustan och en av hans bröder är rödhåriga, men varken jag, min syster eller våra barn och barnbarn är rödhåriga, vilket förklaras av att mödrar eller fäder varit mörkhåriga. Med tanke på detta så har jag upptäckt att jag har enstaka röda hårstrån bland mina grå skäggstrån. Så även om nedärvningen av rött hår är komplicerad, så finns det rött hår på flera ställen i min släkt och även hos mig.

Ovan visas bilder på min farfars far (Arvid Fredrik Theodor Moberger) och farfars mor (Adéle von Krustenstjerna), farfar (Axel Paulus Moberger) och min far (Gösta Dave). De är inte så olika till utseendet, men eftersom deras utseenden är ganska "vanliga", så säger utseendena inte så mycket vid en första anblick. Rustan har färglagt min farfars bild med ett dataprogram från *My heritage*, och jag tycker mig se att har var rödhårig liksom min far (fast det syns inte på detta svart-vita fotot). Även Nina som är en syster till Adéle (min farfars mor), var rödhårig (målat porträtt).

Släktträd

Ett konkret mål med att släktforska kan vara att kunna rita upp ett flott och informativt släktträd. Mängden information gör det dock svårt att få in all information i ett lämpligt format, av typ A4 eller A3. Rustan Blom har skrivit ut sitt släktträd på en rulle som är ca 0,5 x 4 meter (se tidigare bild), och då är ändå inte all information med. Lösningen stannar ofta vid att släktträdet ligger i ett dataprogram (t ex *Min släkt*), eller på en hemsida (*Ancestry, Family tree, My heritage*).

Fördelen med att ha informationen i ett släktforskarprogram av typ *Min släkt* är att man kan dela med sig av all information elektroniskt, så att släktingar (barn, barnbarn, syskon, kusiner) som ingår kan göra sitt eget släktträd genom att byta ut "huvudperson". Det blir kanske inte så snofsigt när det skrivs ut, men kan tjäna som underlag till ett personligt utformat släktträd som kan ramas in och bli till en fin antavla.

Bilden nedan visar en utskrift av "mina anfäder" som "rapport" i programmet *Min släkt* för Göran Dave. Den totala utskriften rymde hela 19 sidor. Men dessa slipper du att ta del av här, utan det är bara första sidan med de närmaste släktingarna (5 generationer) som visas, och utan ingifta föräldrar, barn och syskon. Men det är svårt nog att få plats med de som är med ändå på en A4-sida. Det går att minska bokstäverna, men då blir det i gengäld svårt att läsa. Det går även att skriva ut släktträdet i *My heritage* med en lite snyggare layout. Så det finns flera alternativa vägar att gå. Man får prova sig fram.

Antavla
Ralph Göran Dave (född Andersson)

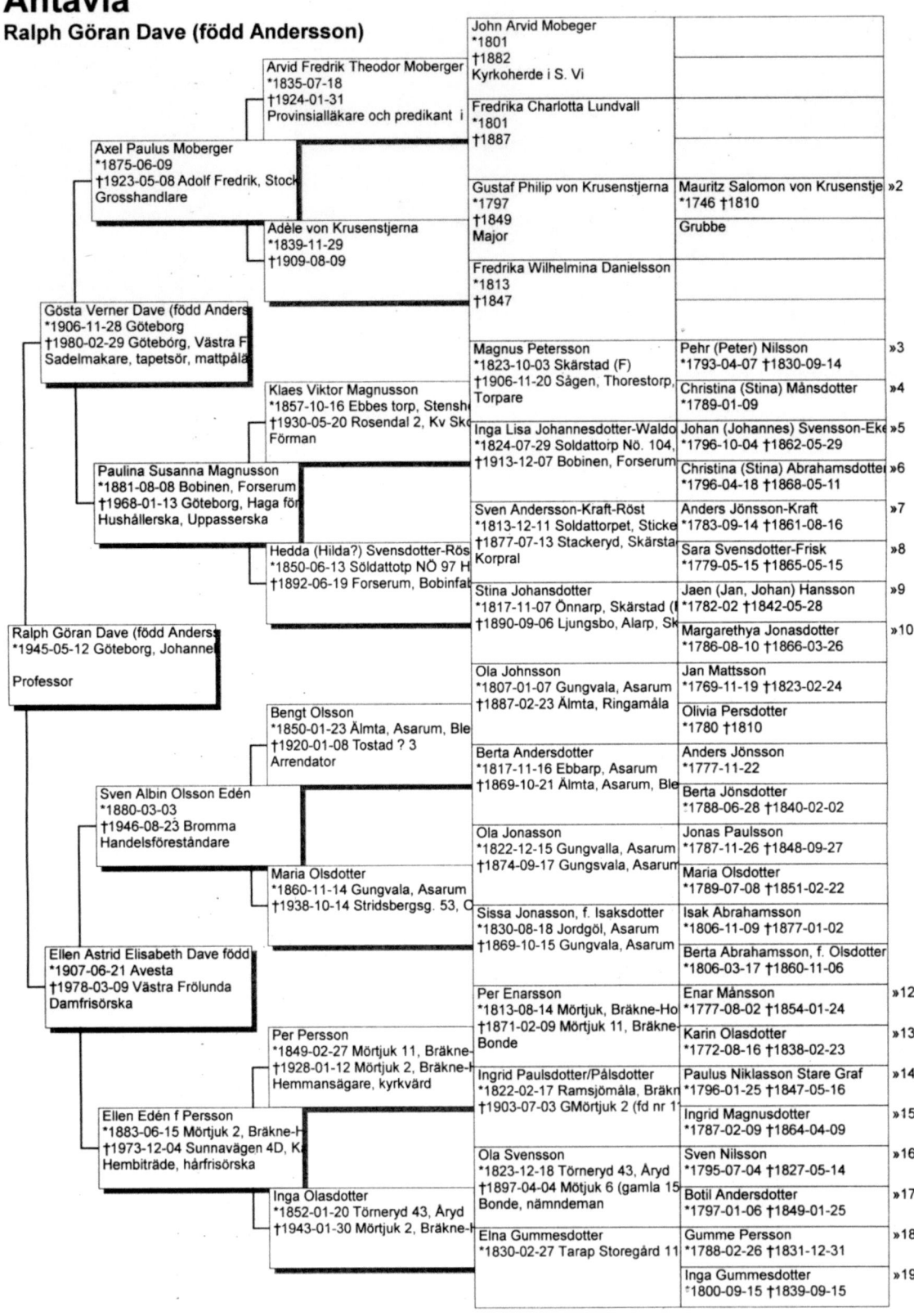

	John Arvid Mobeger *1801 †1882 Kyrkoherde i S. Vi		
Arvid Fredrik Theodor Moberger *1835-07-18 †1924-01-31 Provinsialläkare och predikant i	Fredrika Charlotta Lundvall *1801 †1887		
	Gustaf Philip von Krusenstjerna *1797 †1849 Major	Mauritz Salomon von Krusenstje *1746 †1810 Grubbe	»2
Adèle von Krusenstjerna *1839-11-29 †1909-08-09	Fredrika Wilhelmina Danielsson *1813 †1847		
	Magnus Petersson *1823-10-03 Skärstad (F) †1906-11-20 Sågen, Thorestorp, Torpare	Pehr (Peter) Nilsson *1793-04-07 †1830-09-14	»3
Klaes Viktor Magnusson *1857-10-16 Ebbes torp, Stensh †1930-05-20 Rosendal 2, Kv Sk Förman		Christina (Stina) Månsdotter *1789-01-09	»4
	Inga Lisa Johannesdotter-Waldo *1824-07-29 Soldattorp Nö. 104, †1913-12-07 Bobinen, Forserum	Johan (Johannes) Svensson-Eke *1796-10-04 †1862-05-29	»5
		Christina (Stina) Abrahamsdotte *1796-04-18 †1868-05-11	»6
	Sven Andersson-Kraft-Röst *1813-12-11 Soldattorpet, Sticke †1877-07-13 Stackeryd, Skärsta Korpral	Anders Jönsson-Kraft *1783-09-14 †1861-08-16	»7
Hedda (Hilda?) Svensdotter-Rös *1850-06-13 Söldattotp NÖ 97 H †1892-06-19 Forserum, Bobinfa		Sara Svensdotter-Frisk *1779-05-15 †1865-05-15	»8
	Stina Johansdotter *1817-11-07 Önnarp, Skärstad (†1890-09-06 Ljungsbo, Alarp, Sk	Jaen (Jan, Johan) Hansson *1782-02 †1842-05-28	»9
		Margarethya Jonasdotter *1786-08-10 †1866-03-26	»10
	Ola Johnsson *1807-01-07 Gungvala, Asarum †1887-02-23 Älmta, Ringamåla	Jan Mattsson *1769-11-19 †1823-02-24	
Bengt Olsson *1850-01-23 Älmta, Asarum, Ble †1920-01-08 Tostad ? 3 Arrendator		Olivia Persdotter *1780 †1810	
	Berta Andersdotter *1817-11-16 Ebbarp, Asarum †1869-10-21 Älmta, Asarum, Ble	Anders Jönsson *1777-11-22	
		Berta Jönsdotter *1788-06-28 †1840-02-02	
	Ola Jonasson *1822-12-15 Gungvalla, Asarum †1874-09-17 Gungsvala, Asarum	Jonas Paulsson *1787-11-26 †1848-09-27	
Maria Olsdotter *1860-11-14 Gungvala, Asarum †1938-10-14 Stridsbergsg. 53, C		Maria Olsdotter *1789-07-08 †1851-02-22	
	Sissa Jonasson, f. Isaksdotter *1830-08-18 Jordgöl, Asarum †1869-10-15 Gungvala, Asarum	Isak Abrahamsson *1806-11-09 †1877-01-02	
		Berta Abrahamsson, f. Olsdotter *1806-03-17 †1860-11-06	
	Per Enarsson *1813-08-14 Mörtjuk, Bräkne-Ho †1871-02-09 Mörtjuk 11, Bräkne Bonde	Enar Månsson *1777-08-02 †1854-01-24	»12
Per Persson *1849-02-27 Mörtjuk 11, Bräkne- †1928-01-12 Mörtjuk 2, Bräkne- Hemmansägare, kyrkvärd		Karin Olasdotter *1772-08-16 †1838-02-23	»13
	Ingrid Paulsdotter/Pålsdotter *1822-02-17 Ramsjömåla, Bräkn †1903-07-03 GMörtjuk 2 (fd nr 1	Paulus Niklasson Stare Graf *1796-01-25 †1847-05-16	»14
		Ingrid Magnusdotter *1787-02-09 †1864-04-09	»15
	Ola Svensson *1823-12-18 Törneryd 43, Åryd †1897-04-04 Mötjuk 6 (gamla 15 Bonde, nämndeman	Sven Nilsson *1795-07-04 †1827-05-14	»16
Inga Olasdotter *1852-01-20 Törneryd 43, Åryd †1943-01-30 Mörtjuk 2, Bräkne-		Botil Andersdotter *1797-01-06 †1849-01-25	»17
	Elna Gummesdotter *1830-02-27 Tarap Storegård 11	Gumme Persson *1788-02-26 †1831-12-31	»18
		Inga Gummesdotter *1800-09-15 †1839-09-15	»19

Axel Paulus Moberger
*1875-06-09
†1923-05-08 Adolf Fredrik, Stock
Grosshandlare

Gösta Verner Dave (född Anders
*1906-11-28 Göteborg
†1980-02-29 Göteborg, Västra F
Sadelmakare, tapetsör, mattpålä

Paulina Susanna Magnusson
*1881-08-08 Bobinen, Forserum
†1968-01-13 Göteborg, Haga för
Hushållerska, Uppasserska

Ralph Göran Dave (född Anders
*1945-05-12 Göteborg, Johanne

Professor

Sven Albin Olsson Edén
*1880-03-03
†1946-08-23 Bromma
Handelsföreståndare

Ellen Astrid Elisabeth Dave född
*1907-06-21 Avesta
†1978-03-09 Västra Frölunda
Damfrisörska

Ellen Edén f Persson
*1883-06-15 Mörtjuk 2, Bräkne-H
†1973-12-04 Sunnavägen 4D, K
Hembiträde, hårfrisörska

Bilden nedan visar ett annorlunda släktträd över släkten Moberger som gjorts av Gunnar Moberger, en syssling till Johan Lindhardts mormor, för några decennier sedan. Hans son Victor skickade trädet till Johan efter att de fick kontakt genom matchningen på *Family tree*. En stor del av släkten finns nu i USA. Gunnar har även dokumenterat Moberger-släkten i en bok med hundratals källreferenser (Moberger, 1982).

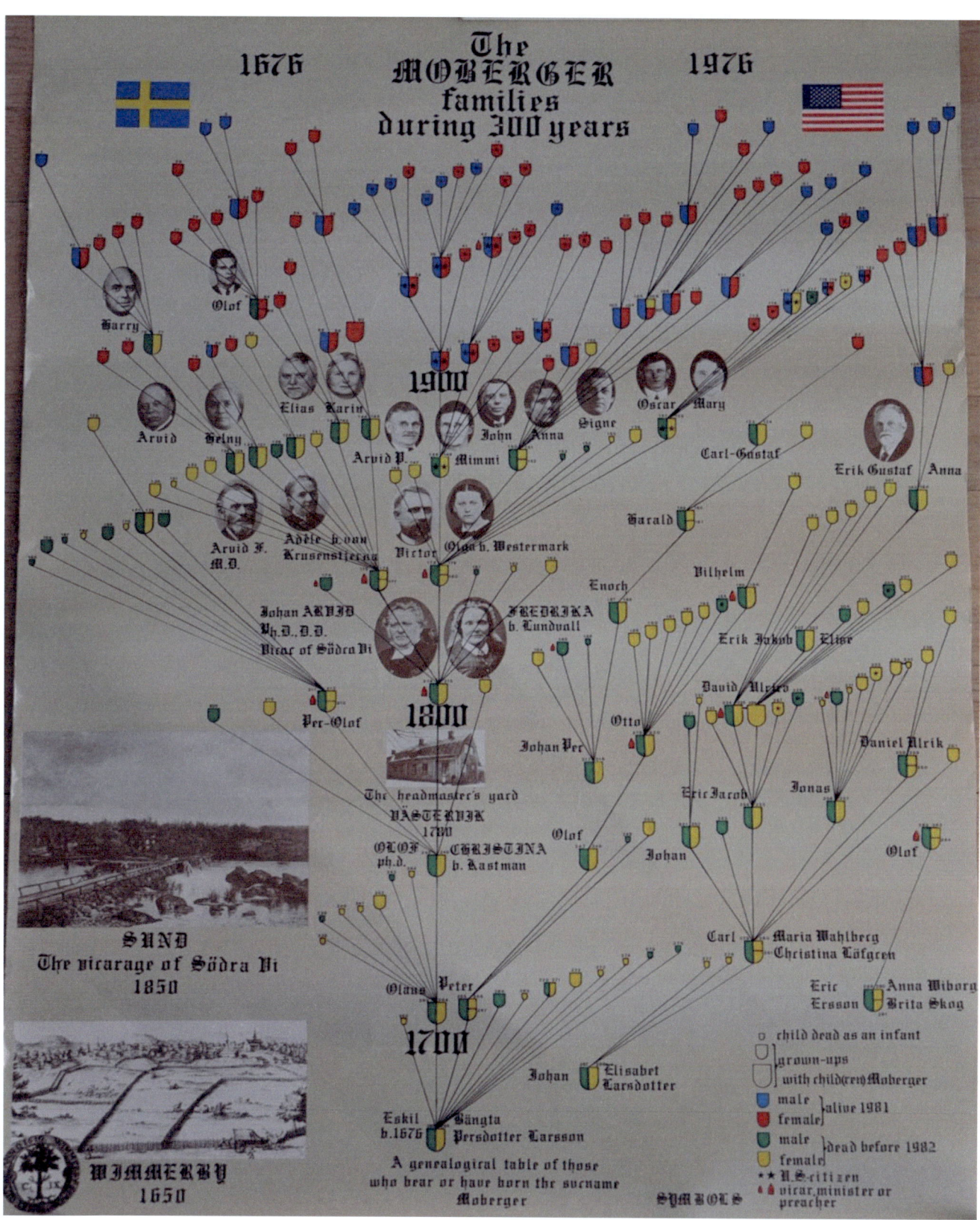

Reflektion

Anledningen till att jag skrivit detta var i första hand att mina barn, barnbarn och även mina andra släktingar skulle finna det intressant och kunna gå vidare med sina egna anor, om och när de så ville. I andra hand hoppades jag att genom att berätta lite om mig själv för mina nyfunna "DNA-bryllingar" kunna få veta mer om dem, även om vi inte lyckats komma underfund med hur vi är släkt i detalj. Jag kommer därför att kontakta mina DNA-träffar ytterligare en gång, för att få deras personuppgifter (adress, mail, telefonnummer, födelsedatum och födelseort) och byta ytterligare information efterhand. Det skulle vara extra intressant att få kontakt med släktingar i USA. Tyvärr har jag ingen aning om förfäder till mig som utvandrat, men tydligen är det så eftersom jag fått många DNA-träffar på amerikanare.

På sikt är det kanske möjligt att släktforskningsföretag tar fram algoritmer som gör det möjligt att med datorns hjälp koppla ihop traditionella släktträd (via kyrkböcker) med resultat från DNA-tester på ett "automatiserat" sätt. Idag görs detta av släktforskningsföretag genom att matcha de släktträd de får in. Möjligheten finns redan att lägga ut sitt släktträd på *Ancestry*, *My heritage* och *Family tree*, och företagen ger svar på möjliga kopplingar, vilket ger goda möjligheter att hitta nya släktingar. Erfarna släktforskare jag pratat med har dock varit kritiska till att anamma detta utan att kontrollera noga själv. Men jag kommer att prova detta nu när jag kompletterat mitt eget släktträd.

Efternamn

En sak som komplicerar släktforskningen är att efternamn kan variera mellan generationer och även inom familjer. Det gamla sättet att ärva efternamn enligt *patronymikon* innebar att söner fick sitt efternamn baserat på faderns förnamn med ändelsen *–son* eller *-sson* (Andersson var Anders son). För Anders dotter blev det Andersdotter. Detta var regeln inom borgerskapet från 1000-talet och inom allmänheten från 1500-talet fram till 1860-talet. Det innebar indirekt att makar hade olika efternamn, eftersom de hade olika fäder och kön En kvinna kunde ju inte vara en son, och en son kunde ju inte vara en dotter. Efternamn regleras från 1901 genom en namnlag och namnförordningar. Namnlagen har senare ändrats. För barn som fötts utom äktenskapet kunde barnet antingen få faderns efternamn eller moderns efternamn (Högman, 2022a, b).

I mitt eget fall föddes jag som Andersson efter min far, som fått Andersson efter sin fosterfar, vilket var praktiskt eftersom han fick samma efternamn som sina föräldrar och syskon. Från Andersson, som är det vanligaste efternamnet i Sverige bytte min familj (far, mor, syster och son) 1948 efternamn till Dave, som är det "ovanligaste" namnet i Sverige. Idag är det bara jag, min son, min fru och min före detta fru som heter Dave. Min syster och hennes två barn heter som deras far (Björk) och mina två döttrar har tagit sina makars efternamn när de gifte sig. Idag är det vanligt att kvinnor behåller sina efternamn, eventuellt med tillägg av sin makes namn och att deras barn får bådas efternamn. Även makar byter ibland till sin frus efternamn. I samband med skiljsmässa är det inte ovanligt med byte av namn till nya namn eller gamla släktnamn. För de som utvandrat till USA förekommer dessutom "anglifieringar" av deras svenska namn (både för- och efternamn). Nilsson blev Nelsson, Karl blev Charles osv. Sammantaget så underlättar detta knappast för släktforskare, eftersom digitaliserade arkiv baseras på namn, födelsedata och födelseort.

Kontakt med DNA-träffar

Det intressantaste med DNA-genealogi är nog ändå att komma i kontakt med nu levande släktingar via sina DNA-träffar, och möjligeten att kontakta dessa via e-mail, vilket fungerar bra i teorin. I praktiken är det inte lika enkelt. Min erfarenhet är att svarsfrekvensen varit låg, och att många varit förvånansvärt hemlighetsfulla med vilka de är. Varför förstår jag inte, eftersom jag alltid angivit mina egna uppgifter (namn, adress, mail och telefonnummer).

När jag skrev ned mina erfarenheter tänkte jag att det även kunde vara intressant för andra personer som funderade på att släktforska eller just börjat släktforska, att läsa om hur jag gjort detta på mitt ganska prestigelösa men roliga sätt. Risken med att släktforska är ju annars att det bara blir ett släktträd med namn, födelse- och dödstal samt boendeorter. Det är lätt att drunkna i nya detaljer och tappa sugen för att det aldrig tycks ta slut – vilket det ju heller aldrig gör. Samtidigt beundrar jag släktforskare som har släktträd med mer än tusen släktingar, och inte minst min DNA-släkting Johan Lindhardt som har varit med och kartlagt världen största släkt (Långarydssläkten; Andersson och Lindhardt, 2006).

Personligen tappade jag ganska snabbt intresset för att söka på Landsarkivet i kyrkböckerna. De kändes lite mossigt och jag såg ingen ände på det. Kanske beror det också på att jag är lite lat eller bekväm till min natur. Därför kom DNA-sökningen som en vitamininjektion, liksom besöken på de platser där jag hade mina rötter, Forserum i Småland och Bräkne-Hoby i Blekinge, mycket tack vare att jag hade tur att träffa kunniga personer på plats.

Vad har min släktforskning inneburit för mig hittills

Beträffande mina egna rötter så skulle jag kunna sammanfatta dem som att jag är en blandning av bönder och handelsmän från Blekinge på min mormors och morfars sida, arbetarsläkt från Småland på min farmors sida samt militärer, präster, läkare, lärare och tjänstemän på min farfars sida - inte så olikt hur många svenskar har det. Sedan har väl detta utmynnat i någon slumpvis blandning av gener och anlag på ett för mig och vetenskapen outgrundligt sätt, som vi säkert aldrig kommer att förstå till fullo – och tur är kanske det. Trots denna brist på djupare insikt har det ändå varit en intressant och rolig resa. Det har även gett mig en insikt i mitt historiska ursprung och kanske bidragit till en djupare förståelse av vem jag är. Andra släktforskare har kommit betydligt längre genom att ta reda på hur deras förfäder levt via diverse handlingar utöver kyrkböcker (t ex Moberger, 1982), vilket kan ge ytterligare dimensioner. Men jag tycker ändå att det intressantaste kan vara att besöka platser där ens anfäder bott och verkat samt att prata med nu levande släktingar och om möjligt att träffa dem, snarare än att söka i olika arkiv.

Tackord

Givetvis vill jag tacka mina föräldrar och min storasyster som gav mig en kärleksfull uppväxt samt Susanne som jag fått tre underbara barn, Rickard, Charlotta och Rebecca, med och sedermera fyra barnbarn, Hanna, Alva, Emma och Alice.

Jag vill även tacka Åke Larsson och Roland Carlsson som väckte mitt intresse för släktforskning och Ann Christine Sangberg som hjälpte mig att komma igång. Ann Christine hjälpte mig bland annat att få skriftlig bekräftelse på att Paulina Susanna Magnusson var min biologiska farmor genom Paulinas bouppteckning.

När jag träffade Britt Marie och vi flyttade ihop så fick jag en utökad familj på köpet i form av hennes föräldrar Henning och Clara och hennes syskon Curt-Bertil, Gunilla, Bosse och Eva samt deras familjer, och inte minst Britt Maries barn Thomas och Tony samt deras fruar Jeanette och Marie och deras barn Felix, Theo, Alexandra och Sebastian. Eftersom mina egna föräldrar dog när de just blivit pensionärer, och jag hade fullt upp med mitt arbete då, så var det ett nöje att få lära känna Britt Maries föräldrar, vilka då varit pensionärer några år och kommit in i pensionärslunken. De visade hur mysigt man kan ha det på äldre dar och att koppla av när vi träffades, inte minst i samband med födelsedagar och helger. Henning blev 95 år och Clara blev 100 år, och de firade varje födelsedag med kalas hemma hos sig i Strömstad. Dessutom fick jag Britt Maries två systrar och två bröder samt två dubbelkusiner med familjer på köpet. Det har blivit många kalas att fira.

Britt Marie har nyligen tagit upp sin egen släktforskning, och som vanligt gör hon ingenting halvhjärtat. Hon har abonnemang på *Arkiv digital*, *Ancestry* och *My heritage*, och hon har skickat in DNA till *Ancestry* och *My heritage*. Hundratals förslag till matchningar strömmar in hela tiden, och även jag får förslag till matchningar av henne.

Jag vill tacka Magnus Wahlström, Göran Johansson och Lars-Göran Bengtsson från Forserum och Vanja Stjernberg från Bräkne-Hoby för deras hjälp med att kartlägga avlägsna släktingar och att visa mig runt på olika platser, där mina anfäder bott och verkat. Jag vill även tacka mina nyfunna DNA-släktingar Rustan Blom och Johan Lindhardt för deras ansträngningar att hitta min biologiska farfar.

Sist men inte minst vill jag tacka personalen på Hematologen, Sahlgrenska universitets-sjukhuset, som behandlat min cancer på ett mycket professionellt sätt och med ett stort engagemang. När jag fick min cancer för drygt tio år sedan trodde jag att min sista tid var kommen, speciellt med mina föräldrars cancer i åtanke. Även om jag inte är fri från min cancer utan får återfall, så har den hittills kunnat hållas stången med cytostatika, och jag har kunnat leva ett förhållandevis normalt liv. Innan jag fick cancer hade jag bara haft barnsjukdomar, ett par hjärnskakningar och ett par benbrott och aldrig varit sjukskriven, så med facit i hand har jag ändå haft tur med min hälsa.

Slutord

Eftersom jag inte hade någon konkret plan med slutdatum för att gå vidare i min släktforskning, så bestämde jag mig för att avsluta denna version av min berättelse om "Jakten på mina rötter", och använda den som ett hjälpmedel att få kontakt med mina mer avlägsna släktingar, och kanske via dem få hjälp med att få släktskapet klarlagt. Samtidigt hoppas jag att boken kan erbjuda intressant läsning och inspiration för andra släktforskare.

Sist men inte minst hoppades jag givetvis på feedback på vad jag skrivit, felaktigheter, förbättringar, tillägg mm, till Göran Dave, Smedkullen 5B, 423 49 Torslanda; gorandave4@gmail.com; tel +46 705 666656.

Referenser

Andersson, P. och Lindhardt, J. 2006. Långarydssläkten – Länsman Anders Jönssons i Långaryd, ättlingar under tre sekel. AB Draking förlag. 640 s. ISBN 91-87784-17-3.

Dave, G. 2010. I Hilmas fotspår – En resa till Alaska i Strömstad och i USA. 124 s. Books on Demand, Visby. Momen förlag, ISBN 978-91-7465-133-1.

Forserums hembygdsförening 2010. Industrier i Forserum. Del 1 Fabriksgatan. ISBN: 978-91-633-7953-6.

Forserums hembygdsförening 2011. Industrier i Forserum. Del 2 Utom Fabriksgatan. ISBN: 978-91-633-7954-3.

Högman, H. 2022a. Svenskt namnskick i gågna tider. www.hhogman.se/namnskick.

Högman, H. 2022b. Namnlagar i Sverige. www.hhogman.se/namnlagar.

Moberger, G. 1982. The Moberger families 1676-1976. Spånga tryckeri AB, Stockholm 1982. 9 s. + bilagor.

Sjölund, P. 2019. Släktforska med DNA. Sveriges släktforskarförbund. Handbok 9, ISBN: 978-91-883-4135-8.

Thorsell, E. 2014. Släktforskning – Vägen till din egen historia. Elisabeth Thorsell och Ica Bokförlag, Massolit Förlagsgrupp AB, Stockholm. ISBN 978-91-534-3967-7.

Nedan visas gamla kort på min mors släktingar. Dessa kommer från min mormors album, som min mor ärvde och som min syster nu har. Det är min mor som skrivit vilka personer de föreställer i relation till henne. Tyvärr saknar jag bilder på min fars släktingar.

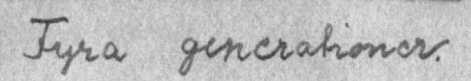
Fyra generationer.

Mor

Far

Thyra

Morbror Nils

Morbror John

Tant, Ashild, Farmor.

Moster Gerda, Harald

1905

Farfar
Nille Hortuk

Inga.

Mormor

Farbror Mormor

Per   Morfar

Astrid.

Morbror Uno

Far, Farmor, faster Ashild

Faster Aschild.

Kurt & moster Ida.

moster Tekla

Siri